# 결핍으로 걷고 충만으로 걷고

결핍으로 걷고 충만으로 걷고

| 1판 2쇄 발행 2024년 9월 10일 | 지은이 황혜란

| 펴낸곳 도도
출판등록 제2024-000020호
주소 서울특별시 종로구 진흥로23길 33, 102호
전화 02-720-0551
팩스 02-720-0552
이메일 oceanos2000@hanmail.net

| ⓒ 황혜란, 2024
ISBN 979-11-981970-5-4 (03810)

| '도도'는 도서출판 바다위의정원 문학 브랜드입니다.

결핍으로 걷고 충만으로 걷고

황혜란 시집

DodoBook

| 작가의 말 |

봄, 여름을 지나 인생 늦가을 즈음에 내 삶에 있었던 흔적을 어린아이같은 어설픈 표현으로 그냥 그려봤습니다. 어떤 환경도 사람과의 관계 형성도 그때 거기 있어서 자연스럽게 만들어진 것이라 생각합니다.
내 뜻과 다르게 일어나는 일을 만났을 때 그것이 좋은 일인지 나쁜 일인지 알 수 없듯이 웬만하면 그저 편하게 수긍하고 싶은 요즈음입니다.

작가의 말 • 5

하나, 마음의 그림

자연처럼 • 12
마음의 그림 • 13
다시 일상으로 • 14
짓다 • 15
균형 • 16
심연 • 17
나는 누구인가 • 18
묻지 말아라 • 19
바보 • 20
절뚝발이 • 21
덤 • 22
너를 이루고 있는 것 • 23
우리 부부 • 24
몰랐던 선물 • 25
동반자 • 26
어느 날에 • 27
함께 • 28
한 살 더 먹다 • 29
욕심 • 30
외로움 • 31
기억해야 해 • 32
몰랐네 • 33
눈 내리는 날 • 34
일상 • 35

| 차례 |

둘, 온유의 나이

벗어난 때 • 38
관계의 기본 • 39
나는 엄마다 • 40
엄마 생각 • 41
회상 • 42
어머니 • 43
자연시간 • 44
시골 한옥 • 45
옛집 풍경 • 46
아버지와 아들 • 48
비 • 49

내가 느낀 것 • 50
다른 시간 • 51
어디로 가나 • 52
우리에겐 • 54
소년과 소녀 • 55
온유의 나이 • 56
오랜 친구 • 57
친구야 • 58
사랑에 대하여 • 60
연륜 • 61
머무는 곳 • 62

셋, 느슨한 시간

본능 • 66
신데렐라 • 67
무조건 • 68
사랑하기만 • 70
삶의 의미 • 71
그런 이유 • 72
괜찮아 • 74
어느 틈에 • 75
그건 • 76
두 손 모아 • 77
기도 • 78
은총 • 79

사실은 말이야 • 80
가을 촉감 • 81
풍경 • 82
어울림 • 83
입추 • 84
오늘 • 85
나의 하루 • 86
이걸 깨달았네 • 87
느슨한 시간 • 88
인생이라는 이름 • 89
마음을 열어야 • 90
살아가는 것 • 91

인생 • 92
삶 • 94
무엇인가요 • 95
체념 • 96
허전 • 97

하나, 마음의 그림

자연처럼

사방으로 햇빛 들고 나가고

달빛도 드나들고

나무 들꽃 냄새 스며들고

새들도 재잘거리고

맑은 바람 불어오고

앞산 풍경 뒷산 풍경

여길 봐도 저길 봐도

모두 자연 정원이네

새 집에서 자연처럼

살고 싶네

마음의 그림

사랑을 했네
사랑을 했었네
스스로 느끼는 것보다
더 열렬히 사랑했었네

사랑하고 있네
이것만으로도
넘치는 삶이네

다시 일상으로

여름이 무르익었는데
가을을 이미 품고 있다
깊고 긴 터널을
힘겹게 뚫고 나왔는데
어떻게 나올 수 있었을까
위대한 일상으로 돌아왔다
아프고 힘든 여행을 하고

다시 시를 읊는다

짓다

집을 짓다
밥을 짓다
시를 짓다
미소를 짓다

아기도 노인도
하루는 같다

오늘 나의 하루를 짓다

균형

어둠이 한 귀퉁이를
잡아끌어 기울어져 있대도
너를 이루고 있는 올바른 축이
너를 지지하고 있어
좋은 것들의 탄력으로
원래의 아름다운 모습으로
균형을 잡겠지
넌 원래 햇살 자체였으니까

심연

심연을 들여다본다
헤집어 아픈 곳이 어디인가
모난 것이 툭 튀어나와 찌른다
몸이 마음에게 말한다
네가 괴로우면 나도 괴롭다
줄기가 퍼지듯 그 마음이
나의 몸 전체로 퍼진다
마음도 꺼내어 빨래하고
햇볕 쬐고 예쁘게 펴고 접어
정돈되면 좋겠네
마음아 회복해라
평온해지면 나도 돌아올게

나는 누구인가

어두운 채로 밖의 아름다움을 만끽할 수 있다
아픈 채로 행복의 가치를 한껏 인식할 수 있다
눈을 감아도 보이는 것들
이제야 보이기 시작한다
나는 누군가

내가 누구인지를 아는 것이 중요하다고 하는데
묻고 묻고 생각하고 생각하면 알 수 있을까

묻지 말아라

나의 하루는 무엇이고
너의 하루는 무엇인가
나는 너와 그리고 그들과
어떻게 다른 것인가
어느새 나에게서
너가 되고 그가 되었는가
현재의 나, 너, 그
과거도 미래도
묻지 말아라
피조물인 우리들인데

바보

스치듯 손짓에
지나듯 마음짓에
섬세하게 움직이는
나의 심장은
늘 빠른 맥박이다.
사랑하는 그의
떨리는 숨소리도
보이지 않는 슬픔도
나의 뇌리는 흔들린다.
온통 그의 기쁨을 슬픔을
내 안으로 끌어들인다.
기쁨은 옆으로 밀어놓고
슬픔은 다 갖기를 원한다.
마음은 그렇다.
그다음은 모른다.

절뚝발이

결핍으로 걷고
충만으로 걷고

나는 절뚝발이

덤

외로움으로
다가가지 말아야 해
나의 감정을
위로받는 것은 거둬야 해
사랑을 받는 것은
크나큰 덤일 뿐이야

너를 이루고 있는 것

지금 너와 함께 있는 건
너의 눈에 보이는 것과
너의 손이 닿는 것뿐이다
너의 생각 속에 있는
모든 그것들은 함께 있지 않다
그러니 그들을 다 내보내라
애틋하고도 가슴 적시는 추억은
잠깐씩 불러들여 미소지어라
사랑이라는 이름으로
짐을 안고 가지 말아라
지금 눈앞의 풍경과
얼굴을 마주하고 있는 친구만이
아름답고 절실하게
너를 이루고 있다

우리 부부

늙어서 찌그러진 얼굴을
이쁘다 귀티난다 하니
참 어이없다
웃음이 난다
웃음짓게 하는 재주다

갑자기 엉뚱한 데서
화를 참지 못하는
성미가 튀어나올 때는
한숨이 난다
우울하게 하는 본성이다

하루에도 넘나든다
어느 장단에 맞추어야 하는지
너도 나도 그 정도의 사람이다
그래도 서로 사랑하는
예의를 갖추고 있는 사람이다

몰랐던 선물

요즘 우리는
이것저것 누리고 있다
서로에게 친절함과 평안함도
선물하고 있다

참으로 긴 날 동안
모르고 있었던 대화로

동반자

사랑의 모호함에
부딪치면 나는
사랑을 받지도 말자
주지도 말자
인간은 혼자니까
하며 쓸쓸함으로
도피처를 찾곤 한다
그는, 아, 나의 동반자 당신은
우리 앞으로
더 많이 사랑하자
더 많이 사랑받자고 한다

어느 날에

방에서 시선이 돌아가
거실의 저곳 탁자 위에
커피 주전자와 컵이 보인다
익숙하고 다정한 풍경이다

어느 어느 날에
내가 없어졌을 때
저 풍경은 어떻게 되는 것인가

함께

첫눈 내리는 풍경이 좋아
창의 커튼을 올렸다

바라보는 시야에
나의 동반자도 그 안에 넣었다

한 살 더 먹다

웃음이 난다
나 약 먹었다, 기억해
오늘 아침 약 먹었어
이따가,
내가 약 먹었나 안 먹었나
하지 말고
나 아침에 약 먹는 것 봤어?
묻지 말고
내가 나에게 중얼거린다
웃음이 난다
오후에
남편이 묻는다
나 아까 약 먹었나?
웃음이 난다
한 살 더 먹었다
나이도 먹는 거구나

욕심

무거운 것은
들지 말라고
허리 아프다고,

무거운 욕심은
들지 말라고 해도
쓰러진다 해도
기어코 들고야 마네

외로움

난 혼자가 좋아
난 혼자 잘 지내
그럴까 …
무슨 외침일까 …
마음속에
들키기 싫은 울음이 차있다
나에게도 감추고 싶은 울음이
그걸 스스로 말해버렸다
아픈 내 울음으로
지금 나의 마음을 모른다

기억해야 해

교만한 순간은
소중한 무엇을 잃는 순간이래
꼭 기억해야 해

몰랐네

이별 연습한다고
입버릇처럼 했는데
참 몰랐네
무엇과 한다는 것을

자유로운 것이 좋다고
그게 사랑이라고 했는데
참 몰랐네
무엇이 자유인가를

솔직한 것이 나인 줄
알았는데
참 몰랐네
숨어 있는 내 마음을

눈 내리는 날

많은 것들이
저만치 저만치 가 있어서
기억페이지에 가물하게 있습니다.
선명하고 좋은 기억을 꺼내어
지금의 나와 겨누어 봅니다
참 근사한 일들이 많았습니다.
다 지나갔습니다.
아, 좋다.
눈이 펄펄 내린다.
산도 나무도 하얗게 덮여간다.
아, 참 좋다.

일상

애야,
밋밋한 일상이 참 좋은 거란다
깜짝 놀랄 행운을 기대하지 말아라
지루한 듯 반복되는 그 일상이
실은 행복이란다
뜻밖의 행운 뒤에는
뜻밖의 슬픔도 있기 마련이란다
그것이 인생이라고 하지 않니

많은 희로애락을 지나온 지금
그냥 두런두런 나누는
밋밋함이 좋구나

둘, 온유의 나이

벗어난 때

어깨의 짐도
마음의 짐도
내려놓은 때가

욕심으로부터
허영으로부터
벗어난 때가

눈도 마음도 열리는 때
본향으로 돌아가기 전
선물로 다가온 때

관계의 기본

나와 다른 남편
나와 다른 아들
나와 다른 딸
나와 다른 친구
나와 다른 그 누구
나와 다른 누구 누구들
이것만 알면 된다

남편은 나를 모른다
아들도 나를 모른다
딸도 나를 모른다
친구도 나를 모른다
그 누구도 나를 모른다
이것을 알아야 한다

나는 엄마다

어떤 때
순간 아파도,
숨 차오르다가도,
사랑의 끈으로 묶여진
존재에게는
생각할 겨를도 없이
나의 소중한 것을
조건없이 준다
나는 체험한다
신을 대신해 엄마를
만들었다는 것을

엄마 생각

겨울 아침
창문 밖을 내다보니
땅이 젖어 있다
눈발이 내렸을까
비가 왔을까
문득 엄마가 생각난다
엄마는 언제나
비가 오시네
비가 오시려나 봐
하셨다
왜 비는 오신다 라고 했을까
이 기억 속에 엄마가 있다
엄마를 그리워하는 순간이
아주 드물다
그것이 아프다
엄마, 나에게 어떤 존재였나

회상

아버지를 닮았나 봐요
드라마 보고 우시던 아버지
불쌍한 사람을 보면 마음 아파
지닌 것 다 내어주시던
나를 낳아 주신 아버지
돌아가신 지 40년 되어 오는데
애틋한 기억으로 되살아난 적이
별로 없었어요
정말로 오랜만에 아버지를
기억하고 있어요
내 결혼식 때 눈물을 훔치던 아버지를

어머니

이승과 저승의 경계선에서
어머니는, 아들이 살짝 흔들며
'엄마, 나 왔어' 하면
'어머나 큰아들 OOO'
또박또박 이름 부르며
잡은 손 잡아당기어
손등에 입을 맞춘다
백발의 아들이
엄마의 이마를 쓰다듬는다
엄마는 아기가 되어
방긋이 웃는다

어머니는 평생의 연인에게
나를 기억해 달라고
너와 나의 긴긴 인연은
온통 사랑이었다 전한다

자연시간

이곳은 새로 입학한
나의 초등학교다
나이 70에 새로 배운다

자연 선생님이
이것은 새싹이야
아! 이것은 새싹!
이것이 자연의 이치야
아! 자연의 이치!

새싹이 올라와 뿌리 내리는
그 비밀의 솜씨를
그 신비의 기초를
이제라도 알아가는
기쁨을 가득 안았다

시골 한옥

부모님이 살던 시골 한옥,
집 둘레의 야산과 오래된 집이
우리 부부 같아서 좋다
집 마당이나 방안이나
흙 덤불 묻히고 들락거린다
새로 지어 볼까 고쳐 볼까
우리 나이에 뭘 고치고 사나,
옛것 그대로가 정겨워
텃밭도 가꾸는 중이다
우리는 놀이하듯 재미있다

옛집 풍경

도시에선
새들의 노래는
나와 무관하다
시골에선
이른 아침부터 새들이
수줍은 지저귐으로
말을 걸어온다
마당 뜰에 줄지어 있는
민들레도 노랑색으로
아침 인사를 건넨다
비 흠뻑 라일락도
강렬하게
향기를 뿜는다
고목도 새잎을
가지 가득 돋우며
내려다본다
여기 있다고

석양이 지면

민들레부터

잠잘 채비를 하며

꽃색을 감추겠지

아버지와 아들

시골집 앞의 '그'는
그의 아버지의 모습과 흡사하다
그의 아버지는
또 그 아버지의 아버지 모습이었으리라

1912년부터 이 시골집은
그로부터 그의 아들,
그 그의 아들인 '그'가
마당을 쓸고 있다

비

여태껏
낭만의 비였다
이제야 겨우
농부의 비다

내가 느낀 것

촌스럽다는 것이
이렇게 예쁜 것인지
촌에 와서 알았네
세련됐다는 것보다
촌스러운 게
훨씬 아름답다

다른 시간

너의 하루도
나의 하루도
똑같은 시간을 배당받았다
이 시간
너의 기쁨은 무엇이며
나의 슬픔은 무엇인가
나에게 다가오는 오묘한 느낌을
너에게 전할 수 없다
우린 아주 많이
다른 시간을 배당받았다

어디로 가나

기뻐도 슬퍼도
건강해도 아파도
사랑해도 미워해도
기다려도 기다리지 않아도
세월은 가네
어느덧 갔네
내 어머니 내 아버지
버얼써 가셨네
오늘 지나고
내일 지나고
이렇게 가는 거라네

예정되었던 날들이
또 훌쩍 지나
보름 전에서
보름 후에 와 있다
또 지금에서 훌쩍

한 달 후에 가 있겠지
그렇게 또 일 년, 또 십 년
훌쩍 훌쩍
나, 여기에 있는데
어디로 가 있나

우리에겐

한 달이 금방이야
아니 일 년도 금방이다
저번 저번에 만났던 게
벌써 이 년 지났나 봐
세월이 우리에겐 그래

지루할 때도 있었지
그립고 그리운
서럽고 서러운
기다리고 기다린
젊음의 때 그땐 그랬어

소년과 소녀

소년과 소녀는
손잡고 나갔다
눈이 펄펄 내리는 길에서
웃고 떠들며 좋아했다

그만 들어와
거울을 보니
할아버지와 할머니가
눈을 털며 눈에 들어온다

온유의 나이

눈으로 보는 것이
아니라 나이로 보는 때

감정으로 느끼는 것이
아니라 나이로 느끼는 때

귀로 듣는 것이
아니라 나이로 듣는 때

이성으로 이해하는 것이
아니라 나이로 이해하는 때

그렇다 무뎌진 나이가
온유로 되어진 때

사랑의 나이로
감싸주는 때

오랜 친구

우정이 자란다
방치했던 외로움을
나누다 보니
웃음꽃이 피어난다
몸은 낡아져
흙으로 가려 해도
영혼은 맑고
포용할 줄 안다

우리 소녀일 때 있었지
속닥속닥 웃고 울고 했었지
울퉁한 손마디 주름진 얼굴로
가식 없이 내어놓는 속내,
허무함도 슬픔도 수긍하는 노년이 고맙다
젊음으로 돌아가 다시 살아내는 일은 원하지 않아
몸과 마음 무너지도록 익은 지금,
우리가 좋다

친구야

얘, 친구야 너 아니?
블루베리 나무를
한 그루만 심으면 열매가
열리지 않는다는 사실을,
블루베리도
사과나무도
대부분의 열매나무가
친구랑 같이 있어야
잘 열린다는구나
난 여태 몰랐어.

이것도 처음 들을거야
풀나무 중에 새빨간
가지줄기가 있어
핏빛 그대로야
바로 사약 원료라네
그대로 피를 토하는,

놀라운 일이야
시골 야산에 많아
시골 사람들은
참 유식하다
난 모르는 게 많아.

사랑에 대하여

자주 그리워하다가
그리움을 행복처럼 키우다가
불현듯 생각을 떨친다
그렇게 무념을 택한다
그것은 슬픔이다
사랑은 슬픔인가 보다

그렇게 슬퍼하다가
다시 슬며시
그리움을 꺼내서
소중하게 쓰다듬는다
그것이 사랑인가 보다

연륜

기쁨은 짧고 슬픔은 길어
즐거움은 짧고 노여움은 길어
내 안에 하모니가 없어

뭉그러져서 다듬어져서
원이 되어야 해
연륜이란 게 그런거야

머무는 곳

우리
나란히 걷고 있는데
너의 마음은
저곳에
나의 마음은
이곳에

우리
저 먼 곳에
따로 있는데
너의 마음과
나의 마음이
한 곳에

마음이란 것이
머무는 곳에

어느 날
너의 마음도
나의 마음도
느낄 수 없는
어느 곳에

셋, 느슨한 시간

본능

슬픔은 더 슬프게
아름다움은 더 아름답게
사람의 본능이 그렇다
동물의 본능도 그렇다
꽃들도, 나무들도 그렇다

나의 눈이 촉촉해진다
심장도 따뜻해진다

신데렐라

잠에서 깨어 아침을 맞았어
나의 눈에 보이는 모든 것
기적처럼 펼쳐 있는 모든 것

안경 책 휴대폰 물 전등 옷 화장품
식탁 빵 …
창밖으로 보이는 하늘
퍼져있는 햇살 나무 바람 …

깜짝 놀랐어
내가 만든 것이 하나도 없는거야
찾아봐도 하나도 없는거야

거저 받은 것이었어
내가 바로 신데렐라였어

이제야 알았어

무조건

말로 하기는 쉬워도
행동으로 옮기는 건 쉽지 않지
말로는 쉬워도
마음까지 옮기는 건 쉽지 않지
다르다는 것을
받아들여야 한다지만
그걸 이해하는 것도 쉽지 않지

마음이 담기지 않은 채로
하기는 쉽지
같이 아파하고 같이 해답을
찾아야 하잖아
아니 해답이 없다니까

사랑은 꼭 해답을
찾아야 하는 게 아니야
참 여태 살고도 모르네

하나님은 이런 나를

무조건 사랑하고 또 사랑한 것을

그래서 살아온 것을

사랑하기만

눈은 생생한 풍경을 바라보면서
귀는 아름다운 음악에 열어 놓고서
마음은 무엇에 갇혀 있는 것인가
나를 지배하는 것은
눈도 아니고 귀도 아니고
슬픔에 사로잡힌 마음인 것인가
기도해야 할 때 기도하고
감사해야 할 때 감사하고
비워야 할 때 비우고
멈추어야 할 때 멈추고
사로잡힌 마음을 놓아버리자
사랑하기만 할 때다

삶의 의미

사랑하는 것은 아파하는 것이죠
아픔으로 사랑이 태어나는 거잖아요

행복은 아픔이라는 씨앗을 심어야 하지요
그래야 기쁨의 싹이 틔워지는 거잖아요

아픔으로 시작한다는 것이 싫으면
사랑을 하지 말아야 되는 것이죠

사랑은 힘든 거지요 힘들어도
사랑 없이는 의미가 없는 거잖아요

살아야 하는 의미 말이에요

그런 이유

사랑의 시작은
나도 모르게 옵니다

아니, 어느 틈에 와서
자리를 잡고 기다립니다

사랑의 날들
수많은 환희와 눈물
우리는 그 삶의 작품입니다

사랑이 멈추어질 때는
슬프게도 이유가 있습니다

용서받은 내가
용서할 줄 모르는
그런 이유가 있습니다

용서받고 또 용서받은 것을

모르고 있었습니다

괜찮아

할 수 있는 것은
할 만큼 해
우겨서 될 것은
조금 우겨 봐
웬만한 건
나 몰라라 하렴
괜찮아
모른 척해도 돼
감사할 것만
감사해하면 돼
아니 감사는
무엇이든 해야 해
주변에 보이는
저 아름다운 것들을 보고
행복해하면 돼

어느 틈에

긴 강이 있다
강너머 저쪽으로
가야 하는데
갈 다리가 없다

하나님 해결해주세요

어디에 계신지요
어떻게 들으셨나요
어느 틈에 보셨나요
제 마음을

그건

참, 별걱정을 다해
별걱정을 다한다
그건
네가 걱정할 일이 아니지
그것도
하나님이 하실 일이지

두손모아

햇빛에 보여지는
먼지가 싫어
딱딱하고 어두운 곳으로
스며들었나
눈물을 감추려
내려갔었나
복숭아씨처럼
단단한 곳에서도
새싹이 나오는
신의 손길이
빛으로 물길로 기다리며
마음의 노래를 부른다
햇빛에 보여지는
환한 세상으로
두 손 모아 부른다

기도

보호벽 만들고
숨어 있었지

내 관심
옮겨 갈 곳을
찾고 찾았지

어느덧
보호벽되어
아파했지

늘 기도가
필요했지

은총

감격한 마음이
펑펑 울었잖아
무너진 나를
숨겨주고 계셨다가
기다리고 계셨다가
손잡아 주셨잖아
내 앞에 무지개를
띄워 주셨잖아
나보다 나를
더 잘 아시잖아
우리보다 우리를
더 잘 아시잖아
나의 사랑하는 존재를
나보다 더 잘 아시잖아
나보다 더 사랑하시잖아
나의 하나님, 그는

사실은 말이야

사실은 말이야
난 정말 행복한거야
더 무엇을 바라
지금도 넘치는데

무엇이 나를 누르고 있는 거니
이 아름다운 자연이
다 쳐다보는데

가을 촉감

이 가을,
날씨의 촉감이
너무 좋아
나를 담그고 싶다
마음은 내던지고
이 찬란한 풍경 속에
가만히 있고 싶다

풍경

비가, 빗줄기가
보기 좋게 내리는 날
나뭇잎 끝 줄기에
명료한 방울방울이 맺혀있다
이 아름다운 풍경을
내 발로 서서
풍요로운 마음으로 쳐다본다
이것이 소소한 기쁨이다

어울림

나무가 나에게 말한다
햇빛을 좋아한다고
비에 적시는 걸 좋아한다고
바람에 가지가 흔들리는 걸
좋아한다고
거센 폭풍우도 견뎌야 한다고
햇빛도 비도 바람도
다 있어야 한다고
희로애락은 어울려 있는 거라고

입추

괜히 허하네
가을이 와서인가
몸속에
여기저기 서걱한 무엇 때문인가
마음에
군데군데 허전한 그 무엇 때문인가
괜히 허하네
서늘하게 후둑 내리는 비 때문인가

허한 듯한 가수의 노래가
더 깊이 처들어온다

오늘

참 좋은 오늘

아끼며 즐겁게 활용해야지

'내일'

'오늘'은 재활용할 수가 없어

나의 하루

오늘
이 날을 내가 갖자
이 시간을 내가 갖자
이 신선한 공기를 내가 맡자
이 비를 한껏 즐기자
널브러진 일들을 내가 하자
누구에게도 기대지 말자
내 눈으로
내 손으로
내 발로
내 생각으로 하자
나의 너를 마음 다해 존중하자
오늘 하루가 얼마나 크고 깊은지를 알자

이걸 깨달았네

대화를 안하는 것이
더 소통이다
이걸 깨달았네
오늘은

사랑이란 것이
소모적이다
이것도 느껴지네
오늘은

원하는 시간에
필요한 것만
채워주면 되는 것이네
사랑도, 소통도

느슨한 시간

몸은 물론이고
마음의 탄력이 떨어져
기쁨의 농도도
슬픔의 농도도
언어의 표현도
겸손의 농도
타락의 농도
모든 것에서 느슨해진
시간이다
이대로 편하다

인생이라는 이름

아프면서 사는 겁니다
아프면서도 웃으면서 사는 겁니다
사람의 삶이 그런 겁니다
기뻐하며 사는 겁니다
기쁘면서도 눈물 흘리며 사는 겁니다
인생이라는 이름입니다

마음을 열어야

바람이 부는 것은
지나가기 때문이지요
바람이 멈추어 있으면
바람이 아니니까요
휘몰아치는 바람도
지나가고야 말지요
이쪽을 열어 놓고
저쪽을 닫아 놓으면
시원한 바람은 불지 않지요

그래서
마음을 열어야
마음을 받는 거지요
그래서
세월도 지나는 거지요
그래서
모든 것은 지나가는 거지요

살아가는 것

살아간다는 것이 무엇인가요
누구에겐가 고맙다고,
저 풍경이 눈부시게 아름답다고,
가슴 저미는 사랑도 은은해졌다고,
누군가의 아픔이 가시게 해달라고,
그저 감사하다고 기도하는 것이지요

아는 것이 별로 없는데
전부를 아는 듯, 모르는 듯
먹고 자고 살아가는 것이지요

인생

세상에는, 인생은
이런 일, 저런 일, 그런 일,
다양한 일들이 있게 마련이지
어떤 좋은 일도
어떤 나쁜 일도
있게 마련이지
그러니까 나의 역사에서
이번엔 운이 나빴구나
저번엔 행운이었잖아
하고 넘어가면 돼
웃음이 저절로 나는 유쾌함도
한숨이 나는 불쾌함도
애가 타는 슬픔조차도
그냥 잠시 지켜보면 지나간다는 것
누구에게나 공평하게 있다는 것을
이해하면 되는 거지
맞아. 화낼 필요가 없어

맞아. 기분 나쁜 일에 잡혀있지 말아

삶은 오늘도

세상으로 오기도 하고

세상을 떠나기도 하는데

삶

마음의 내시경으로
가만히 들여다보니
마음이 춤을 춘다
기쁨의 춤을 추다가
슬픔의 춤을 추다가
침묵으로 춤을 춘다
점점 동화같은 춤을 추다가
환희의 순간도 스며든다
참 아름다운 세계다

무엇인가요

사랑한다는 것은
마음이라
보이지 않는 그것을
서로 바라보며
애타게 원한다
가득 채워가며
욕심에 묻혀 사는 삶과
깨달음을 얻어
내려놓고 사는 삶이
무엇이 다른가요
지나가는 시간일 뿐인데요
이것도 저것도 다 헛되다는데
헛됨을 떨쳐낼 수 있는 것은
무엇인가요
지혜자는 속삭입니다
하나님을 경외하는 삶
감사하며 베풀며 사는 것

체념

이제 뭔가 깨달아지네
우리 세대는 지나갔다는 것을,
나의 세대가
무엇을 지키려는 염원조차도
내려놔야 한다는 것을,
다음 세대에게 설득하려는
시도가 전혀 필요없다는 것을,
설득이 나의 고집인 것을,
그들이 선택하고
그들이 책임지면 된다는 것을,
우린 그저 뒤로 물러나
관조하고 있으면 된다는 것을,
적어도 오늘
나에게 드는 생각이네

허전

어디라도 찾아가곤 했었어
이유를 모른 채 허전했었어

언제나 함께하시다
잠깐 다른 곳에 계시면
허둥대곤 했어